BIOGRAPHIE

DE M. LE COMTE

DE VAUGIRAUD.

VAUGIRAUD (le Comte PIERRE-RÉNÉ-MARIE DE,) vice-amiral, grand-croix de l'ordre royal et militaire de Saint-Louis, chevalier de l'Ordre Cincinnatus et Officier de la Légion-d'honneur, est né aux sables d'Olonne, département de la Vendée, en 1741, d'une ancienne famille d'Anjou, et le second de trois frères, dont l'aîné, capitaine aux gardes françaises, a péri dans les massacres de septembre 1792.

Il entra dans la marine royale en 1755; l'année suivante, il s'embarqua comme garde de la marine sur le vaisseau l'*Éveillé*, et se trouva à la prise du vaisseau anglais le *Greenwich*. Nommé enseigne en 1762, il se fit remarquer par son activité et son courage : lorsque la paix eut été conclue, il reçut ordre de s'embarquer sur le *Tonnant* pour aller relever la garnison de Mahon, et faire la remise de cette forteresse ; des escadres d'évolution ayant ensuite été armées, il fut attaché à la première, commandée par le comte d'Orvilliers, qui sut bientôt l'apprécier et le chargea de commander un aviso, destiné à répéter les ordres et à porter les signaux.

M. de Vaugiraud montra dans ce service une intelligence et une activité telles, que l'amiral lui donna des éloges publics et l'envoya à Versailles rendre compte des opérations.

En 1779, il se trouva sur le vaisseau de M. Duchaffaud, au combat d'Ouessant que livra M. d'Orvilliers, et dans lequel le brave Duchaffaud, qui commandait l'arrière garde, tomba grièvement blessé dans les bras de M. de Vaugiraud, qui l'exhortait envain à se retirer de dessus le pont ; il n'y consentit qu'en chargeant cet officier de manœuvrer de manière à ce qu'on ne s'aperçût pas de son absence. Cet ordre fut si bien exécuté, que le comte d'Orvilliers, après le combat, ignorant le malheur de M. Duchaffaud, l'envoya féliciter sur l'habileté qu'il avait déployée.

Quelque temps après, il sauva par le plus courageux dévouement, toute la flotte de Brest près d'être livrée aux flammes par l'incendie du vaisseau le *Rolland*. Le comte d'Hector et l'intendant de la marine, témoins de cette intrépidité, s'empressèrent d'en rendre compte au Roi qui fit écrire la lettre la plus flatteuse à ce brave marin.

Peu de temps après, à la demande de MM. d'Orvilliers et Duchaffaud, M. de Vaugiraud fut nommé au commandement du *Fox*, frégate anglaise nouvellement capturée ; mais les cours de France et d'Espagne ayant résolu de tenter une descente en Angleterre, et venant de réunir à cet effet une flotte considérable sous les ordres du comte d'Orvilliers, ce général demanda que M. de Vaugiraud lui fût donné pour major en second. L'armée combinée n'ayant pas eu le succès qu'on en attendait, M. d'Orvilliers remit le commandement à M. Duchaffaud, et M. de Vaugiraud fut nommé major-général et capitaine, avant son rang.

Sur ces entrefaites, M. de Tréville ayant été chargé de conduire l'armée navale qui devait remplacer aux Antilles celle du comte de Guichen, demanda que M. de Vaugiraud lui fût donné pour major-général, fonctions que celui-ci eut ordre de continuer lorsque M. de Tréville, à raison de sa mauvaise santé, fut remplacé par M. le comte de Grasse. Ce général partit avec un convoi de 200 voiles et approvisionna les Antilles. Dans toutes ces opérations, les services et les avis de M. de Vaugiraud furent d'une grande utilité, et il eut encore le bonheur et la gloire de sauver l'armée navale d'une destruction inévitable ; elle était à l'ancre devant le cap à Saint-Domingue, lorsque le feu prit à bord de l'*Intrépide* au milieu de tous les autres vaisseaux. L'équipage effrayé quitta le bâtiment ; l'armée, la flotte, la ville entière, touchaient à leur perte ; aucune mesure ne paraissait possible. Le comte de Vaugiraud sollicite du comte de Grasse la permission de se dévouer ; il se fait conduire droit au bâtiment incendié où trente milliers de poudre allaient éclater ; il rencontre l'équipage fugitif, le fait rougir de sa lâcheté et le ramène au vaisseau. Déjà le feu ne pouvait plus être maîtrisé ; les matelots et les soldats se mutinent et s'éloignent de nouveau ; M. de Vaugiraud est menacé ; rien ne le décourage ; il menace, donne l'exemple et ramène encore une fois les mutins. Déjà les flammes gagnaient la soute aux poudres ; M. de Vaugiraud dirige la manœuvre, fait conduire le vaisseau à la côte, l'échoue, en fait partir l'équipage et en sort le dernier. Cinq minutes après, l'*Intrépide* sauta avec une explosion qui ébranla toute la ville.

Ce fut dans cette même campagne qu'on résolut de donner des secours efficaces aux Américains. M. de Grasse fit voile pour la baie de Chésapeak. De retour aux Antilles, il eut à soutenir contre l'amiral Rodney l'affaire malheureuse du 12 avril qui entraîna la prise du vaisseau *Amiral.* Le carnage fut affreux à bord *de la Ville de Paris ;* le sang inondait les entreponts ; M. de Vaugiraud, quoique blessé deux jours auparavant, y montra autant d'activité que de courage.

Le conseil de guerre qui eut lieu à l'occasion de cette affaire, loua tellement sa conduite qu'il reçut du roi une lettre honorable où Sa Majesté le félicita sur son dévouement, en lui accordant une pension de 1200 francs. (Elle n'a pas encore été payée.)

La paix ayant été signée en 1783, il fut employé comme commandant en second dans la première escadre d'évolution sous les ordres de M. d'Albert de Rioms. En 1788, on lui donna le commandement de *la Gracieuse* pour la station des colonies occidentales. En 1789, des mouvements insurrectionnels s'étant manifestés à la Martinique, le gouverneur, M. de Vioménil, se rendit au conseil, accompagné par M. de Vaugiraud, et tous deux parvinrent, pour le moment, à mettre cette colonie à l'abri des désordres de la révolution : peu de temps après il revint en France, et rentra dans ses foyers.

Au moment du départ de Louis XVI pour Varennes, les autorités révolutionnaires du Poitou, menaçant la liberté et la fortune du comte de Vaugiraud et de plusieurs gentilhommes, ceux-ci se virent contraints de se réunir au château de la *Proutière*, et de se défendre contre la violence. Le château fut incendié ; mais cet essai fit connoître les ressources que la fidèle population de ce pays offrait à la cause de la royauté. M. de Vaugiraud vint demander justice au gouvernement ; un décret de prise de corps décida son émigration.

Arrivé à Coblentz, il reçut ordre des Princes français d'organiser le corps de la marine en compagnies, dont le comte d'Hector prit le commandement à l'ouverture de la campagne. Il eut le commandement d'une compagnie noble de cavalerie, qui fut chargée d'accompagner les princes, dont il partagea les fatigues et les dangers.

Au licenciement, il reçut ordre de passer en Angleterre pour se rendre dans la Vendée, afin d'y porter les ordres du roi ; mais cette disposition fut changée, et le comte de Vaugiraud resta à Londres jusqu'au départ de l'expédition de Quiberon.

Sa réputation comme marin le fit choisir pour diriger les mouvements de l'escadre de sir John Warren et indiquer les points convenables pour la descente. Les opérations nautiques qu'il conseilla furent admirées des Anglais eux-mêmes; et lorsque les résultats de cette expédition ne permirent plus que de chercher et sauver ceux qui en faisaient partie, il obtint de l'amiral anglais la direction de huit chaloupes canonnières avec lesquelles il vint s'embosser en face des républicains, que son feu terrible arrêta de temps en temps, pour sauver l'artillerie et plusieurs compagnies.

S. A. R. Monsieur étant venue à l'Ile-Dieu, M. de Vaugiraud y fit les fonctions de capitaine de port, et retourna avec le prince en Angleterre, où il a résidé jusqu'en 1814.

Enfin, le retour des Bourbons le ramena en France; il n'y était pas encore arrivé lorsque le Roi le nomma vice-amiral et gouverneur de la Martinique. Sa réputation l'avait précédé dans cette colonie, et la population toute entière y fut transportée de joie à son arrivée; mais le retour de Bonaparte en 1815 changea cette heureuse position. A cette nouvelle, M. de Vaugiraud sentit tous les dangers qui le menaçaient; des observations trop exactes lui avaient fait entrevoir que les appuis sur lesquels il devait compter lui manqueraient dans l'occasion. La Guadeloupe venait de s'insurger ; des émissaires étaient envoyés, accueillis même à la Martinique ; les dispositions des troupes étaient incertaines ; déjà les ordres de Napoléon arrivaient, et quelques fonctionnaires tremblaient à leur réception ; mais l'auguste Princesse, qui, au milieu de ses dangers personnels, n'oubliait rien pour sauver les Français dévoués à leur Roi, Madame, avait songé aux dangers que courait la Martinique. M. de Vaugiraud fut instruit de la part de son Altesse Royale de ce qui se passait ; et peu de jours après il reçut du Roi le titre de gouverneur-général des Antilles, avec les pouvoirs les plus étendus. Il déclara alors sa ferme résolution de maintenir le pavillon blanc, fit arrêter les agitateurs, rembarquer pour la France les militaires mal disposés, et força tout le monde à faire son devoir. La Martinique, sauvée ainsi de tous les maux que la rébellion venait d'attirer sur la Guadeloupe, avait encore besoin des travaux de son gouverneur.

Des dépenses excessives, une administration en désordre, des abus enracinés, altéraient sa prospérité. M. de Vaugiraud reçut ordre du ministre de remédier à ces abus ; il ne craignit pas d'attaquer de front tout ce qui lui paraissait contraire au bien public. L'intrigue jeta les hauts cris et lui suscita mille traverses ; trop au-dessus de ces manœuvres, il poursuivit ses plans. Les trois années de son gouvernement étant expirées, il remit la colonie au général Donzelot, son successeur, et s'embarqua pour revenir en France.

M. le comte de Vaugiraud était âgé de près de 78 ans, sa constitution était forte ; quoiqu'il fût d'une petite stature, c'était un vieillard bien conservé, et qui représentait avec beaucoup de noblesse et de dignité ; les chagrins et une maladie aiguë qu'il essuya après son débarquement à Nantes, l'avaient affaibli ; dès qu'il se sentit mieux, il se rendit à Paris. Il y arriva au mois de septembre 1818 ; logé à *l'hôtel des Colonies, rue de Richelieu,* il y reçut les personnages les plus marquants de la cour et de la ville, qui tous lui avaient voué la plus haute estime et la plus sincère amitié ; les soins de sa famille et de ses amis lui furent donnés avec tout l'empressement que ses hautes qualités et sa bonté naturelle méritaient. M.ᵐᵉ la baronne de Ferriet, sa fille, lui prodiguait toutes les marques d'une tendresse et d'une sensibilité inépuisables.

Une ordonnance de la marine avait été rendue le 3 août 1817, sous le ministère de M. le maréchal Gouvion de Saint-Cyr, par laquelle *il était défendu aux gouverneurs ou aux intendants revenant de commander ou d'administrer dans les colonies, de se présenter au Roi avant que leur conduite n'eût été soumise au jugement et à l'examen d'une commission d'enquête ;* il faut remarquer que cette ordonnance avait paru au moment où le rappel de M. le comte de Vaugiraud venait d'être arrêté et décidé, et que depuis sa mort, sous un autre ministre, cette ordonnance a été rapportée en 1820, à l'occasion du rappel de MM. Carra Saint-Cyr, gouverneur de Cayenne , et de M. Schmaltz, administrateur du Sénégal.

M. le comte de Vaugiraud n'avait pas pu prévoir, au moment où il fut nommé gouverneur de la Martinique, qu'il serait un jour obligé de soumettre une conduite honorée par 60 ans de travaux glorieux au service de ses Rois, à une sorte de *comité des recherches,* il se fatigua et s'épuisa vainement en démarches et en sollicitations inutiles auprès du Président et surtout auprès de M. Guizot, rapporteur de ce comité ; il ne put parvenir à obtenir un jugement qu'en vain sollicite encore aujourd'hui Mme de Ferriet sa fille.

En effet, de quel reproche ce brave général, ce militaire si loyal et si désintéressé aurait-il été susceptible ? Il était presque le seul gouverneur pour SA MAJESTÉ, qui, pendant les cent jours, eût conservé la pureté, l'honneur et la légitimité du pavillon français.

Abreuvé d'amertume et de dégoûts, étranger
à tous les partis, ne connaissant que la droiture
et la ligne de l'honneur et du devoir, il sentit
trop tard que, dans les temps d'orage, il y a peu
à espérer des hommes, et que la vertu, se ren-
fermant dans le témoignage d'une bonne cons-
cience, doit être à elle-même sa propre récom-
pense. Il vit d'un œil tranquille approcher la
fin de sa longue et belle carrière ; l'image de
la mort qu'il avait bravée et vaincue tant de
fois, ne l'effraya point ; il s'était familiarisé avec
ce qu'elle a d'horrible pour tant d'autres ; il sen-
tait que sa vie allait s'éteindre ; mais sa cons-
cience était sans remords, et sa belle âme était
sans crainte ; tombé dans une sorte d'agonie,
il était près de s'endormir du sommeil du juste.

Tout-à-coup il se réveille, et rassemblant tout
ce qui lui restait de force, pour se tenir assis
dans son lit, il appelle à haute voix Mme la baronne de Ferriet, et lui dit d'un ton ferme :

« Ma fille, écrivez au Roi ; dites-lui que je pro-
» teste de mon entière fidélité et du dévouement
» que j'ai eu le bonheur de conserver toute ma vie
» sans altération à Sa Majesté, à son auguste
» dynastie et aux intérêts de la France ; »

» Dites aussi à Sa Majesté, que je meurs de
» regret de ce qu'il ne m'a pas été permis, avant
» de mourir, de déposer à ses pieds l'hommage

» de 78 années de travaux et d'attachement à
» la personne sacrée des Rois sous le règne des-
» quels j'ai vécu. »

En proférant ces paroles, que Mme de Ferriet s'empressa de recueillir et d'écrire; ce guer-
rier sans reproche et qui n'avait jamais négligé
de remplir tous les devoirs de sa religion, se
laissa retomber avec confiance dans les bras de
la mort : son agonie dura jusqu'au lendemain.
Quelques instants avant qu'il rendît le dernier
soupir, un valet de pied arrive, il est aussitôt
annoncé de la part du Roi pour s'informer
des nouvelles de son vieux serviteur et de son
ancien ami. Au nom du Roi, le comte de
Vaugiraud entr'ouvre avec effort ses paupières
appesanties, et ses regards mourants se fixant
avec peine sur l'homme qui venait enfin lui
apporter cette douce consolation, il prononce
de ses lèvres glacées ces dernières paroles : *Ah !
je vous remercie !... mais c'est trop tard !* L'instant
d'après il avait expiré.

Il s'était écoulé dix-neuf mois depuis la mort
du comte de Vaugiraud, lorsque, le 17 novembre
1820, S. Exc. le ministre de la marine, M. le
baron Portal, écrivit, par ordre de SA MAJESTÉ,
à Mme la baronne de Ferriet, une lettre conçue
en ces termes :

« MADAME,

» Le Roi s'est fait mettre sous les yeux les actes
» de l'administration de M. le comte de Vaugi-
» raud à la Martinique. SA MAJESTÉ a reconnu
» que la droiture des intentions de ce gouverneur-général, et son dévouement au Roi et à la
» France sont demeurés dignes de tous les
» éloges. SA MAJESTÉ *m'a commandé* de donner en
» votre personne, à la famille de feu M. le comte
» de Vaugiraud, ce témoignage authentique de
» son estime royale pour la mémoire d'un homme
» qui a vécu comme il est mort, loyal et fidèle
» serviteur de son prince et de son pays.

Agréez, Madame, etc.

Signé le baron PORTAL.

Madame de Ferriet a été obligée d'attendre long-
temps, pour rendre publique cette lettre infini-
ment honorable, qu'on lui en eût accordé la permission. Cependant on n'avait pas encore con-
naissance de cette lettre, qui a dissipé tous les
nuages, et assuré à jamais à M. le Comte de
Vaugiraud un triomphe complet sur ses dé-
tracteurs, que tout le monde, d'une voix
unanime et sans distinction de partis, s'était

accordé à rendre à la mémoire et aux belles actions de ce brave général, de ce digne gouverneur de la Martinique, toute la justice qu'elles méritaient.

Dès ce moment une réunion nombreuse de personnages remarquables dans la marine, le civil et le militaire, s'est proposée de demander au Roi la permission de concourir aux frais d'un monument à élever à la gloire de cet illustre amiral. On désigne comme l'endroit où il convient de l'ériger, la ville des *Sables-d'O-lonne*, lieu de sa naissance.

On sait que M. le comte de Vaugiraud est mort pauvre, mais cette noble pauvreté ne fait qu'ajouter à sa gloire; cette gloire appartient à l'État, à la postérité et à l'histoire. Sa respectable famille n'en peut donc réclamer la possession exclusive, ni empêcher que tout bon Français, fier de la naissance que sa patrie a donnée à un officier-général aussi distingué, ne vienne déposer sur son cercueil le tribut spontané de ses hommages, et attacher une feuille de laurier à la couronne qui doit entourer son urne cinéraire. Le militaire et le marin viendront y échauffer leur courage et l'enflammer au souvenir de ses belles actions, ils aiguiseront leur épée sur la pierre de sa tombe; l'homme civil y contemplera le modèle des vertus morales et

politiques; les habitants du Poitou y reconnaî-
tront avec orgueil un de leurs preux chevaliers et
le fidèle compagnon des vigoureux défenseurs
du trône et de l'autel; tous, en un mot,
viendront épancher sur ces restes illustres, la
douleur et les regrets qu'inspirera long-temps
la mémoire d'un Héros mort comme il a vécu,
enveloppé dans le pavillon de l'honneur, et de
la fidélité à son Dieu, à la France et à son
Roi.

La lettre de S. E. le Ministre de la Marine,
écrite par ordre de Sa Majesté à M.me la baronne
de Ferriet, sera gravée sur un des bronzes du
monument; ce monument sera construit de
manière qu'il soit durable et de la plus grande
solidité.

La lithographie du projet sera envoyée, avec
le *Prospectus*, à chacun des Souscripteurs, dont
la liste sera imprimée.

La souscription est ouverte, dès-à-présent,
chez M. PÉAN-DE-SAINT-GILLES, Notaire de la Marine, à Paris; et chez tous les Notaires de la
Marine dans tous les Ports de France et des
Colonies. Le produit sera versé et déposé entre
les mains de M. PEYTÉS-MONCABRIÉ, Trésorier
des Invalides de la Marine, à Paris, rue Saint-
Honoré, N. 283, qui en demeurera dépositaire.

Une Commission composée de Membres choi-

sis parmi les Souscripteurs, dirigera et surveil-
lera l'emploi des fonds pour l'érection du monument.

FIN.

Imprimerie de **MIGNERET**, rue du Dragon, N.° 20.